Colección 100 Pasos

100 *Pasos*

para alquilar tu casa.
Y no morir en el intento

Ismael López

Del mismo autor:

Colección 100 Pasos:

- **100 Pasos para vender tu casa** - *Los secretos de un agente inmobiliario.*

Información legal y Derechos de Autor.

La propiedad intelectual y los derechos sobre todos los textos contenidos en este libro pertenecen exclusivamente a su Autor, Ismael Lopez.

La información publicada en este libro se provee tal y como está y está basada exclusivamente en la experiencia personal y las opiniones del autor. Este libro no garantiza la consecución de la venta de su casa en un tiempo determinado, por lo que el autor no se hace responsable ni asume ningún tipo de daños o perjuicios que podrían ocasionarse a consecuencia de la actualidad, corrección, exactitud o calidad de la información publicada en este libro, así como de los resultados que se obtengan con su lectura.

© **Ismael Lopez, 2019. Todos los derechos reservados.**

Sin limitación de los derechos de autor reservados arriba, ninguna parte de este libro puede ser reproducida en cualquier forma o por cualquier medio electrónico o mecánico, incluyendo sistemas de almacenamiento y recuperación de la información, ni sin el permiso por escrito del autor.

© **Ismael Lopez, 2019**

"La única diferencia entre el éxito y el fracaso es la capacidad de actuar."

Alexander Graham Bell

En este libro te explicaré cómo, haciendo pequeños esfuerzos, conseguirás alquilar tu casa con grandes resultados. Sigue estos **100 Pasos** para lograrlo.

Quiero dar las gracias a tod@s los que, sin ell@s, este libro no habría sido posible:

Quiero dedicar este libro de una manera especial a tod@s mis compañer@s de profesión, agentes inmobiliari@s, que como yo aman su trabajo y desempeñan un excelente trabajo en el día a día tratando de ayudar a sus clientes, con profesionalidad, empatía y cariño.

He aprendido mucho con ell@s, son demasiad@s para nombrarl@s tod@s aquí, pero seguro que se reconocerán.

De todo corazón ¡**GRACIAS!**

ÍNDICE

1. Introducción 11
2. La pregunta fundamental: "¿Quiero alquilar?" 13
   Paso 1 a 7 13
3. ¿Qué es lo que alquilo? 15
   Paso 8 a 19 15
4. Documentación necesaria antes de empezar 21
   Paso 20 a 24 21
5. Alquilar solo o con agencia 23
   Paso 25 a 34 23
6. Los miedos al alquiler 27
   Paso 35 a 42 27
7. Las Fotos, el Plano y el Vídeo 31
   Paso 43 a 53 31
8. La Publicación 35
   Paso 54 a 66 35
9. Evaluar a los inquilinos 39
   Paso 67 a 76 39
10. ¿Qué les tengo que pedir a los inquilinos? 43
    Paso 77 a 78 43
11. El inventario 45
    Paso 79 a 81 45
12. Responsabilidades 47
    Paso 82 a 83 47
13. Los seguros 49
    Paso 84 a 86 49
14. El contrato de alquiler 51
    Paso 87 a 91 51
15. El día de la firma 53
    Paso 92 a 98 53
16. Cuando el inquilino se va 55
    Paso 99 a 100 55
17. Conclusiones 57
18. Anexo 59

100 Pasos para alquilar tu casa

1. INTRODUCCIÓN

Lo primero de todo quiero darte las gracias por haber comprado este libro. En él te acompaño paso a paso para ayudarte a alquilar tu casa. Aprenderás todo lo que hay que saber para que acometas este reto de la mejor manera posible y evites todas las trampas que se van a presentar ante ti. El alquiler de una propiedad inmobiliaria no es una cosa sencilla y muchas veces la gente se lanza sin saber que es un procedimiento que necesita una organización y preparación, que debemos acometer antes de alquilar.

Con este libro sabrás todo lo que hay que saber antes de alquilar tu inmueble y prepararte correctamente, de manera que nada pueda salir mal y encontrarte con un marrón que te haga perder dinero en vez de ganarlo. Te acompañaré a lo largo de todo el proceso para que puedas valorar si lo quieres alquilar por cuenta propia, o en caso de querer trabajar con una agencia, ayudarte a elegir el mejor compañero para ello. Si decides actuar en solitario te enseñaré lo que tienes que saber para preparar tu vivienda para el alquiler y te daré toda una serie de consejos para alquilar tu propiedad de la mejor manera y evitar morir en el intento. También abordaremos todo el tema legal de papeleo, para que sepas en todo momento los pasos que tienes que dar uno tras otro y no de cualquier manera, como suelen hacer muchos particulares a la hora de alquilar.

Cuando hayas terminado de leer este libro lo sabrás todo sobre el alquiler de una propiedad inmobiliaria. Cuales son tus derechos y tus obligaciones, así como las del inquilino.

Este libro ha sido escrito basándose en el mercado inmobiliario español. Si tu vivienda está en otro país podrás aprovechar el 80% de los pasos que te aconsejo dar a continuación. Sólo necesitas enterarte al respecto de los papeles legales y de los portales más eficientes en tu país. Por lo demás, es todo igual.

Sobre el autor:

Con más de 25 años trabajando en el ámbito comercial, he sacado al mercado varios centenares de nuevos productos en áreas tan diversas como la informática, las telecomunicaciones, las energías renovables, las finanzas, los seguros y las inmobiliarias.

Soy experto en análisis sistémica (psicología de la interacción de los grupos de personas) lo que me ha llevado a desarrollar una visión de la venta muy diferente a la de los marcos establecidos que se enseñan en las escuelas de venta, donde el factor psicológico me permite conocer perfectamente tanto a vendedores como a compradores y anticipar sus respectivos movimientos.

Espero que la lectura de este libro te sea agradable. Lo he concebido para que lo puedas seguir como un guión y volver a cada momento para repasar pasos anteriores. Por favor, léelo al menos una vez en su totalidad para que tengas una visión global y clara de todo lo que tienes que hacer.

2. La pregunta fundamental: "¿Quiero alquilar?"

Paso 1 a 7

Paso 1: Antes de hacer cualquier cosa, siéntate y hazte esta pregunta: -"¿Realmente quiero alquilar?"-
Si eres el único dueño de la vivienda, te toca hablar contigo mismo, pero si sois más de un propietario necesitáis reuniros y hablarlo entre vosotros. Sólo si TODOS están de acuerdo en alquilar, puedes seguir con el segundo paso.

Paso 2: Segunda pregunta: -"¿Porqué quiero (o queremos) alquilar?"-
Puedes tener una vivienda vacía porque era la casa de tus padres, o te has mudado a otro sitio y le quieres sacar una rentabilidad, puesto que una vivienda vacía cuesta dinero. Valora bien si no vas a necesitar esa vivienda en algún momento, (quizás para uno de tus hijos), porque si alquilas en larga duración la media de duración de un alquiler ronda los 3 o 4 años. Siempre podrías recuperarla si la necesitas por una razón justificada, pero romper un contrato de alquiler puede complicarse si el inquilino no está dispuesto a colaborar.

Paso 3: Tercera pregunta: -"¿Con qué condiciones?"-
Aquí tenemos el típico debate que se produce cuando son varios los dueños de una vivienda. Unos quieren alquilar pero no por un precio por debajo de xxxx euros. Con o sin muebles, equipada o no, garantías, fianza, mascotas ...

Paso 4: Es necesario reflejarlo por escrito y comentárselo al potencial inquilino que visite la vivienda, o al agente inmobiliario que vayáis a contratar.

Paso 5: Si sois varios dueños, sobretodo en el caso de ser una vivienda heredada, te recomiendo que hagas un escrito donde vengan reflejados los nombres, apellidos y DNI de todos, y el acuerdo de alquiler por parte de todos con las condiciones de cada uno.

Paso 6: Cuando sois varios dueños, lo mejor es que uno solo se encargue del alquiler de la vivienda, para que esto no sea un desmadre.

Paso 7: Te recomiendo que eso también venga reflejado en el documento y firmado por todos. De ese modo actuarás con un poder "verbal" en nombre de todos. Sí, ya sé que suena raro que al ser un escrito se llame poder verbal, pero el único poder escrito como tal es el que se hace ante notario.

3. ¿Qué es lo que alquilo?

Paso 8 a 19

Antes de alquilar y de decidir a qué precio vamos a hacerlo es necesario seguir los siguientes pasos.

Paso 8: Lo primero que tenemos que saber es cuánto nos cuesta la vivienda vacía para saber qué ganancias vamos a sacar con el alquiler.

Paso 9: Tu vivienda tiene unos costes fijos, mes a mes, año tras año. Estos son lo costes:
- el IBI,
- la comunidad de vecinos,
- los diferentes suministros (si los tienes dados de alta y si no están ya incluidos en la comunidad) agua, luz y gas,
- el seguro del hogar (si lo tienes contratado),

Cuando hagas el total de todo esto tendrás lo que te cuesta al año tu vivienda vacía.

Paso 10: Muchos de mis clientes me preguntan a menudo qué parte de los gastos pueden trasladar al inquilino. Pues bien, mi respuesta es que casi todo.

- El IBI, lo vas a pagar tú, pero puedes pactar con el inquilino para que pague él la mitad o bien la totalidad. Si está de acuerdo, lo tiene que reflejar el contrato de alquiler. Tú vas a recibir el recibo del IBI en tu cuenta bancaria y luego se lo pasas al inquilino para que te haga una transferencia. Ojo, si el inquilino acepta pagarte la totalidad del IBI, sé lo bastante cortes para que el primer año sólo le pases la parte correspondiente a los meses que realmente ha estado en la vivienda si no entró el 1 de enero.

- La comunidad de vecinos, ese gasto viene incluido en el alquiler. Cuanto mayor sea la cuota de la comunidad, mayor será el alquiler. Eso tiene su importancia cuando es una vivienda en urbanización con servicios (guardia de seguridad, portero, piscina...), o cuando parte de los suministros vienen incluidos en la comunidad (agua o gas).

- Los suministros cuando son de contratación externa (que no sean servicios centrales de agua y de gas) te recomiendo que el inquilino haga un traspaso de contrato para que, en caso de impago por su parte, no te quedes tú con la deuda.

- El seguro del hogar es cosa tuya, te recomiendo que lo sigas pagando (al ser para una vivienda en alquiler te costará menos) y también te recomiendo que indiques en el contrato de alquiler que el inquilino tiene obligación de contratar uno por su cuenta (seguro del hogar para inquilinos). Ya veremos más en detalle este punto en el capitulo de los seguros (**Capitulo 13**).

Paso 11: Bueno ahora que ya tienes un poco mas claro los gastos que puedes integrar en el precio del alquiler, vamos a ver más detenidamente qué es lo que estas alquilando.

Paso 12: ¿Qué es lo que vas a alquilar? Un piso, una casa, cuántos metros cuadrados, cuántos dormitorios, cuántos baños, tiene ascensor (si es un piso), en qué estado está, amueblado o vacío, tiene aire acondicionado, tiene trastero, tiene plaza de garaje, tiene servicios (conserje, piscina, urbanización...). Todo esto influirá en el precio.

Paso 13: Condiciones en las que quieres alquilar.

- Cuantos meses de fianza: aquí todo depende del valor de lo que tengas en la vivienda, si está vacía o amueblada. Suele ser uno o dos meses, pero hay gente que pide hasta seis. El gobierno recientemente ha intentado limitarlo a dos meses máximo pero el decreto ley no pasó en las cortes y vuelve (por ahora) a ser libre decisión del propietario. Te aconsejo que antes de publicar nada te enteres de la ley vigente en ese momento, ya que los alquileres están en el foco de mira de los gobernantes españoles y la tendencia es a limitar ciertos abusos cometidos en el pasado. Yo soy de los que piensan que si se aprieta demasiado a los inquilinos al final nos encontramos con problemas.

- Garantías: tanto si alquilas por tu cuenta como si lo haces a través de una agencia inmobiliaria, debes de tener claro qué tipo de inquilinos quieres. Puedes pedir que tengan un contrato laboral fijo con un mínimo de 6 meses de antigüedad, que tengan mínimo cierta cantidad de ingresos netos anuales, que tengan un aval bancario, un avalista solidario o referencias del alquiler anterior. Elige lo que mejor te convenga o lo que más seguridad te procure, sabiendo que también existen seguros de protección de pagos de los alquileres. Esto lo veremos en el capítulo sobre los seguros (**Capitulo 13**).

- Duración del contrato de alquiler: del mismo modo que con la fianza, se pasó de un mínimo de tres años a cinco y ahora vuelven a ser tres años mínimos. Como anteriormente entérate antes de hacer el contrato de alquiler.

Paso 14: El Precio. Aquí vamos a ver cómo podemos hacer una valoración correcta de la vivienda que vamos a alquilar. Ya que este es el mayor error que suelen cometer los dueños de una vivienda y lo que marcará la diferencia entre alquilar rápido o tenerla vacía durante muchos meses.

Paso 15: Para ayudarte a saber cuál es el precio de mercado para tu vivienda te recomiendo este truco: Ve al portal inmobiliario Idealista (www.idealista.com) y haz una búsqueda en alquiler en la zona donde tienes la vivienda. No pongas precio pero sí todas las características idénticas a tu piso o casa (dormitorios, ascensor, estado del inmueble, garaje, jardín, piscina...). Una vez hecho esto, en la parte donde te aparecen todas las viviendas, baja al final de todas y verás una información que pone "precio medio por metro cuadrado", multiplica ese precio por los metros cuadrados construidos de tu vivienda y tendrás tu precio de mercado.

Paso 16: Si no conoces los metros cuadrados construidos puedes buscarlo en el portal Internet del catastro (encontrarás el enlace directo en el **Anexo**, al final del libro). Aquí sólo necesitas teclear la referencia catastral que viene en el recibo del IBI.

Paso 17: Yo lo que suelo hacer es ajustar más aun el precio seleccionando una zona concreta de un par de manzanas alrededor de la propiedad dibujándola en el mapa de Idealista ("dibujar tu propia zona"). Porque a veces las zonas que propone el portal son extensas y puede que te entren zonas más o menos caras, lo que defrauda un poco el precio de mercado específico de tu vivienda. Es importante también que te enteres de los competidores que tienes alrededor de tu vivienda, es decir, cuántas más viviendas similares a la tuya se alquilan. Mira sus publicaciones, mira sus características, dónde están ubicadas, sus precios... Lo mejor es que hagas un dossier imprimiendo esas publicaciones y buscando argumentos de cara a que cuando un inquilino visite tu vivienda y te hable de ellas puedas argumentar. Mira sobre todo lo que tiene la tuya y que no tienen ellas, la altura, las vistas, el ruido, los servicios, etc... Todo lo que te sirva. Te será muy útil a la hora de negociar el precio con los inquilinos.

Paso 18: ¿Cómo puedo mejorar el rendimiento de mi vivienda? Pues cuanto más ofrezcas, más alto podrá ser el alquiler. Te digo esto pero hay muchas zonas de España (sobretodo Madrid y Barcelona) donde se alquilan "chamizos" a precio de oro. Mucha gente intenta lucrarse de la desesperación de los inquilinos por encontrar un alquiler en ciertas zonas concretas. Yo todo lo que te puedo decir es que más vale tener buenos inquilinos que estén contentos pagando un precio justo durante tres o cuatro años, sin impagos ni destrozos, que unos que no te paguen al cabo de dos años, que entres en guerra con ellos y que al final los tengas que echar y encontrarte con el piso destrozado.

Paso 19: Así que más vale alquilar un piso en buenas condiciones ya que la gente tiende a cuidar más un piso que reciben impecable, que uno que está ya más que usado. Lo mejor es pintarlo de nuevo, con un color blanco que gusta a todos y reparar todo lo que no funciona (elementos eléctricos, radiadores, calentador, ventanas, puertas...).

Si lo amueblas eso ya depende de ti, del tipo de vivienda que alquilas y de lo que se estila por tu zona (para esto adáptate a lo que hace la mayoría). Si decides alquilar con muebles te recomiendo que seas flexible ya que puedes tener gente que tenga unos pocos muebles y necesite espacio (yo suelo recomendar que por lo menos un dormitorio esté vacío), así que lo mejor es disponer de un espacio donde almacenar los muebles que la gente no necesite.

Si alquilas la vivienda equipada (con electrodomésticos) no recuperes viejos trastos de amigos o familiares, sino te vas a enfrentar a comederos de cabeza tarde o temprano, ya que lo usado suele averiarse y te tocará a ti hacerte cargo de ello ya que va incluido en el precio del alquiler. Lo mejor es tenerlo todo nuevo y con garantía (aquí pide la garantía extendida de cinco años en tu tienda, lo agradecerás en caso de avería).

4. Documentación necesaria antes de empezar

Paso 20 a 24

Paso 20: Debes reunir toda la documentación antes de ir más adelante. Sea que alquiles por cuenta propia, o a través de un agente inmobiliario, la vas a necesitar. Esta documentación es válida para España, si tu vivienda está en otro país entérate, antes, de lo que vas a necesitar.

Paso 21: Te aconsejo que te hagas con una carpeta donde puedas guardar toda la documentación y tenerla siempre a mano.

Paso 22: Las escrituras de la compra del piso. Imprescindible para cualquier gestión. Es lo que demuestra que eres el dueño de la vivienda y no un familiar o amigo que se quiere aprovechar poniendo en alquiler la casa de otro. Te las pedirán en la agencia inmobiliaria si firmas con ellos.

Paso 23: El Certificado de Eficiencia Energética (CEE). Si lo tienes verifica la fecha de registro, ya que es válido 10 años. Si no lo tienes o si ya ha caducado tienes que hacerlo. **Desde 2013 la ley obliga a tener el CEE en el momento en el que la vivienda se publica.** Ya sé que muchos pensáis que es innecesario, pero es obligatorio incluir una copia en el contrato de alquiler, de no ser así el inquilino podría recurrir el contrato de alquiler en cualquier momento y dejar la vivienda antes de finalizar dicho contrato sin NINGUNA penalización. Además, si publicáis sin tener el CEE, os enfrentáis al riesgo de ser multados y tener que pagar una multa mucho mas elevada que el coste del CEE.

Paso 24: También es necesario hacer un inventario de la vivienda (la alquiles amueblada o no). Tiene que detallar TODO lo que hay en la vivienda (con marca y referencia para los electrodomésticos), su estado actual y acompañarlo con fotos de cada cosa. Si vas a trabajar con una agencia inmobiliaria ella se encargara de ello. Si lo alquilas por tu cuenta te toca a ti hacerlo. Este documento tiene que añadirse como anexo al contrato de alquiler y te permite poder reclamar al inquilino cualquier indemnización por daños o robo al devolver la vivienda. Veremos cómo redactarlo en el capitulo del inventario (**Capitulo 11**).

5. Alquilar solo o con agencia

Paso 25 a 34

Ahora que tenemos lista toda la documentación y que sabemos cuál es nuestro precio de mercado, queda por saber cómo lo queremos alquilar.

Paso 25: Tienes dos opciones: alquilarlo por cuenta propia o a través de un agente inmobiliario. Ésto es lo que tienes que valorar.

Paso 26: Hazte estas preguntas:
-"¿Voy a poder dedicarle todo el tiempo necesario?"-
-"¿Voy a estar disponible EN TODO momento para contestar a las llamadas y organizar las visitas?"-
-"¿Tengo el conocimiento necesario en los asuntos legales con respecto al alquiler?"-

Paso 27: Si puedes contestar "SI" a todas estas preguntas te puedes lanzar a alquilarlo por cuenta propia, sabiendo que no es tan fácil como suele pensar la gente, tal y como verás en los siguientes capítulos.

Paso 28: Si has contestado por lo menos una vez "NO" a alguna de ellas, te recomiendo que te plantees el asesoramiento de un agente profesional.

Paso 29: Elegir trabajar con un agente inmobiliario para alquilar tu vivienda puede ser un paso fácil o un paso sumamente crítico, porque según a quién elijas, te puede salir de maravilla o ser tu peor pesadilla. Recuerda que él te alquila la vivienda y luego te toca a ti lidiar con el inquilino durante mínimo tres años. Para las agencias inmobiliarias el mercado de los alquileres es un mercado poco remunerador (en comparación con las ventas) así que se tiene que mover muy rápido para hacer cuantos más alquileres posibles. Si das con buenos profesionales seleccionarán muy bien a los inquilinos, pero si no podrían proponerte el primero que llega y presionarte para firmar el contrato cuanto antes. De ahí que una buena selección es primordial.

Paso 30: Lo primero que tienes que hacer es comparar, y aquí (al contrario de una venta) no entra en consideración el precio sino los servicios y la seriedad. Y si digo esto es porque, dependiendo de donde esté tu vivienda, la costumbre puede ser que los honorarios de la agencia (suele ser el equivalente de un mes de alquiler mas IVA) los pague el dueño, el inquilino o bien que sea la mitad cada uno.

Paso 31: Dicho esto, te toca patear las calles y visitar cuantas más agencias mejor. Pregunta en tu entorno seguro que tienes a conocidos, amigos o familiares que ya han tenido esa experiencia y te podrán aconsejar para elegir agencia o descartar alguna.

Paso 32: Evalúa las agencias, quién se ofrece para visitar tu vivienda, en cuánto valoran el alquiler, qué plan de marketing te ofrecen, si ya tienen inquilinos en cartera interesados en una vivienda como la tuya. El mercado inmobiliario ha cambiado mucho: se acabó el sólo publicar, poner un cartel en el escaparate y ya. Tu agente inmobiliario tiene que ser una persona que te transmita confianza, que te asesore en cada momento y que te acompañe a lo largo de todo el proceso.

Paso 33: No dudes en hacerle preguntas a los agentes inmobiliarios. Pregúntales las acciones que van a emprender para el alquiler de tu vivienda y cómo te van a mantener informado del proceso de alquiler. Utiliza los próximos capítulos de este libro para saber lo que hay que hacer y preguntarles como si fueras un profesional del mercado inmobiliario.

Paso 34: Una vez hayas encontrado tu media naranja, contrata SÓLO una agencia y en exclusiva. No tengas miedo a trabajar en exclusiva, ya que es el mejor método para alquilar rápido y el ÚNICO que permitirá que la agencia pueda invertir TODO el dinero y tiempo necesario para que tu vivienda se alquile lo más rápido posible. Cuesta muchas veces creer que contratar una sola agencia es mejor que contratar a varias, pero si contratas a varias agencias, al saber que hay otras agencias en competición intentarán presentarte un inquilino cuanto antes y hacer todo lo posible para que firmes con ellos. También si tienes varias agencias no les darás llaves a todos así que te tocará a ti desplazarte a todas las visitas y pueden ser muchas y no necesariamente correlativas en el tiempo. Si crees que con una sola agencia los inquilinos no van a encontrar tu vivienda, desengáñate: todas las agencias publican en los mismos portales y si trabajas con varias vas a tener tu vivienda publicada varias veces con todas las dudas que eso va a crear en la mente del inquilino. Tu vivienda tendrá tantos descriptivos diferentes como agencias con informaciones a veces diferentes o contradictorias (metros cuadrados, ubicación...). Como mínimo creará desconfianza pero también puede enviar un mensaje al inquilino que te urge alquilar y lo puede utilizar en tu contra para hacerte bajar el precio del alquiler.

Por último también existe un tipo de agencia que ofrece lo que se llama Gestión Global de Alquileres. En este caso (a cambio de una parte del alquiler) se encargan ellos de todo desde el alquiler hasta los cobros, pasando por la relación completa y directa con los inquilinos. Tú ya no haces nada, sólo cobrar, ellos lo hacen todo por ti. Para mi es de lejos la mejor opción, enterate si alguna de las agencia que visites trabaja este tipo de gestión. Cobraras menos pero estrás tranquilo.

6. Los miedos al alquiler

Paso 35 a 42

Aquí quiero hacer un apartado especial a la parte psicológica del mercado del alquiler. Voy a tratar de los miedos que existen entorno al alquiler, tanto a nivel de los dueños como de los inquilinos. Para cada punto te daré soluciones para rebajar esos miedos y para que comprendas por qué hay que hacer las cosas bien desde el principio para que el alquiler de una vivienda no se transforme en el monstruo que acabe con tu salud y tu dinero.

- Los miedos de los dueños a la hora de alquilar -

Paso 35: **Que no me paguen**. Este es el miedo más frecuente con el que me encuentro cuando pregunto a mis clientes, que me traen un piso para poner en alquiler, cuáles son sus miedos. Por mucho que intentemos obtener información por parte de los inquilinos, por muchas garantías que les pidamos, NUNCA podemos estar seguros al cien por cien de que no vamos a tener un impago. Podría exponerte aquí mi teoría detallada de todas las razones que pueden existir pero no haría mas que marearte y las variables son tantas que al final se te quitarían las ganas de alquilar. Existe una solución que para mi es la mejor y, de lejos, la más segura para ti.

Paso 36: **Solución: el seguro de protección de alquileres**. Este seguro cubre el impago de los alquileres. Podras elegir cuantos meses de impago quires cubrir (6, 12 o 18 meses), yo te recomiendo como mínimo 12 meses ya que dependiendo de tu ubicación un desahucio suele tardar entre 8 y 10 meses como poco. No voy a entrar en el detalle del procedimiento ya que puede variar de una aseguradora a otra, lo mejor es contactar con ellas y preguntarles. El coste de este seguro va ligado a la cantidad de dinero que quieres asegurar (alquiler x meses contratados), suele ser dependiendo del alquiler entre 45% y 55% de un mes de alquiler. Es el precio a pagar para tu tranquilidad. Aquí te voy a dejar un pequeño truco que hice con un cliente mío que le pedía al inquilino un aval bancario que este no podía obtener, ya que el banco le pedía depositar en una cuenta bloqueada los seis meses de alquiler que se debía cubrir y este inquilino no tenía tal cantidad disponible. Le recomendé al dueño hacerse un seguro de protección de alquileres y como este no quería asumir el coste, le propusimos al inquilino pagarlo él, dividiendo por 12 el coste del seguro y aumentando el alquiler de esa cantidad. Pues subiéndole el alquiler 30€ al mes tuve a un dueño y a un inquilino satisfechos y pudimos formalizar el alquiler.

Todo esto es para decirte que existen soluciones y que cuando trabajas con profesionales puedes encontrar alternativas en vez de quedarte bloqueados. Sólo se necesita un poco de empatía para ver y entender los puntos de vista de cada uno.

Paso 37: **Que me destrocen el piso**. Cuántas veces he oído a clientes decirme: *"Encuéntrame gente de bien, que no me dejen el piso hecho un asco"* o *"Quiero gente que me cuide el piso."* Los dueños suelen confundir destrozos y daños por uso. Son dos cosas muy diferentes. Ya sé que cuando pintas un piso, acuchillas y barnizas el parqué, pones electrodomésticos nuevos, te gustaría recuperar tu piso en las mismas condiciones. Pero si te alquilan el piso por 3 o 4 años, por mucho que te lo cuiden, al marchar no estará como cuando lo entregaste, olvídate. Y nada de decir," pues lo vuelvo a pintar y lo pago con la fianza". La ley es muy clara: sólo puedes usar la fianza para desperfectos voluntarios o de mal uso. Cristales rotos, puertas rotas, parqué levantado o si han puesto papel en las paredes sin tu consentimiento, ahí si. Te recomiendo que quede bien claro en el contrato de alquiler que no se autorizan reformas, ni pinturas, ni empapelar. Si se desentienden y lo hacen tendrán, al marcharse, que reponer el piso en su estado inicial.

Paso 38: **Solución: el seguro de protección de alquileres.** Pues sí, este seguro también ofrece opciones para contratar el daño por destrozos, tanto en la vivienda como en los muebles y electrodomésticos, si lo alquilas amueblado. Aquí vas a necesitar el inventario detallado con fotos y firmado por el inquilino del que ya hemos hablado y que veremos mas en detalle en el capítulo Inventario (**Capitulo 11**). Aquí tú decides de qué valor quieres garantizar, todo depende de tu vivienda, de su estado y de lo que hay dentro. Te recomiendo que si optas por el seguro de protección de alquileres contrates esta opción si no va incluida de antemano, ya que su coste no suele ser muy elevado y así estarás tranquilo.

Paso 39: **Que no paren de molestarme los inquilinos.** Hay dueños que son unos manitas y a quien les gusta estar en contacto con los inquilinos y reparar ellos mismos todo lo que se pueda estropear en la vivienda (al final es suya) y otros que quieren el mínimo contacto y, mientras paguen el alquiler y no les molesten, todo bien. Y luego tienes inquilinos que no quieren molestar al dueño y otros que lo llaman hasta cuando se funde una bombilla.

Paso 40: **Solución: una vez más tirar de los seguros.** Si seguiste mis recomendaciones, tienes tu seguro del hogar para arrendador (dueño) y el inquilino su seguro del hogar para arrendatarios. Pues bien, esos seguros suelen venir con la opción "Asistencia en el hogar", y si no va incluida en vuestro pack os recomiendo cogerla. Gracias a esto cuando el inquilino tenga algún problema con la luz, los electrodomésticos, los sanitarios o incluso la cerradura de la puerta de entrada, el seguro se hará cargo y mandará al técnico correspondiente. Como puedes ver no hace falta mucho para eliminar los miedos y alquilar con tranquilidad.

-Los miedos de los inquilinos a la hora de alquilar-

Paso 41: Que el anuncio del alquiler sea un timo. Aquí ya no se trata de seguros, sino de como TÚ vas a actuar. Hay mucha gente que se aprovecha de la fuerte demanda en alquileres para timar a los inquilinos. Publicaciones que no corresponden a la realidad del piso, gente que no es el real propietario (amigo, familia o incluso ocupas) y que alquila por su cuenta y luego te encuentras que un día una persona intenta entrar en su/tu casa. Vemos casos como esos a menudo en las noticias.

Paso 42: Ser lo más transparente posible. Si vas de la mano de un profesional, el inquilino ya no tendrá ese miedo. De hecho muchos inquilinos desconfían de los anuncios de particulares y sólo miran en las agencias inmobiliarias, aunque tengan que pagarles unos honorarios. Si lo alquilas por cuenta propia, como te lo dije en el capitulo sobre la documentación, debes poder demostrar en la visita que eres el dueño. Si lo eres, enseña tu DNI junto con las escrituras y, si no lo eres, un documento que acredite que tienes mandato de los dueños junto con una copia de las escrituras. Eso te dará credibilidad y tranquilizará a los inquilinos. Si no te lo piden, no dudes en proponérselo tu.

7. Las Fotos, el Plano y el Vídeo

Paso 43 a 53

A partir de aquí vamos a ver lo que tienes que hacer para publicar correctamente tu vivienda (como lo hacen las agencias) para estar bien posicionado en los portales inmobiliarios y darle visibilidad.

- *Las Fotos* -

Paso 43: Si tienes una cámara *reflex* profesional úsala, si no los móviles actuales hacen muy buenas fotos.

Paso 44: Elige un día con mucha luz, más bien soleado. Yo prefiero hacer las fotos con luz natural pero según como esté el día puedes necesitar encender las luces, sobretodo en estancias como los pasillos, los baños, trasteros...

Paso 45: Haz un par de fotos y mira cómo salen. Y no tengas miedo de hacer muchas, ya lo veremos más adelante pero tienes que tener un mínimo de 40 fotos para tener una buena puntuación en los portales y aparecer en las primeras páginas.

Paso 46: Saca fotos a nivel de los ojos, si eres alto agáchate un poco. Saca fotos desde cada ángulo de cada estancia. Ten cuidado de no aparecer en los espejos de la entrada, pasillo, armarios o baños.

Paso 47: Una vez hayas terminado con toda la vivienda, no olvides sacar fotos de detalles, como las ventanas de pvc si las tienes, electrodomésticos, vistas si las hay, terraza, jardín, garaje, trastero... Cuanto más mejor. Saca también fotos del portal si está reformado, del ascensor y de la fachada desde la calle. Si es una casa saca fotos del entorno, de todos los elementos importantes que puedas tener: caldera de gasóleo, paneles solares, pozo, portón automático...

- El Plano -

Paso 48: Tener un plano es muy importante ya que eso permite al inquilino hacerse una mejor idea de la distribución de la vivienda antes de hacer una visita. Sobretodo uno que venga con los metros cuadrados de cada estancia.

Paso 49: Si no tienes plano y dominas un poco el dibujo puedes hacerlo tú mismo, sea bien dibujándolo en un papel milimetrado o bien usando uno de los tantos programas gratis que hay en Internet. Si no te atreves a hacerlo tú mismo, puedes encargarlo a un profesional.

Paso 50: Tienes que saber que los portales inmobiliarios valoran mucho el tener plano y la diferencia entre tenerlo y no puede estar en aparecer en la primera pagina de una búsqueda o en la segunda o la tercera. Cuando ves la cantidad de viviendas que hay en alquiler en algunas zonas entiendes lo importante que es estar bien posicionado.

- El Vídeo -

Paso 51: Te aconsejo que tomes unos minutos para hacer un vídeo de tu vivienda. Ya sé que puede parecer innecesario pero, créeme, las fotos solas no dan una visión clara del inmueble y la gente puede quedarse desilusionada al visitarlo porque se creían que o era mas grande o que estaba mejor distribuido, etc... Ayuda mucho a la hora de alquilar, pues te permite descartar visitas que al final no llevan a nada.

Paso 52: Si estás equipado puedes hacerlo con una cámara de vídeo y montarlo con uno de los programas que encontrarás en Internet y que son gratis. Pero si no tienes nada de eso vete a lo simple, coge tu móvil, ponlo en posición horizontal (queda mucho mejor) y haz un vídeo casero.

Paso 53: Si no vas a hacer un montaje con textos y efectos, habla, explica lo que se ve, empieza por la entrada desde la puerta como lo vería un visitante, "Aquí tenemos la entrada, el salón, pasamos a la cocina..." si no eres de improvisar hazte antes un guión en un papel y memorízalo. Si no estas satisfecho, repítelo. Tómate tu tiempo, pero el vídeo debe de ser corto, máximo 3 minutos.

8. La Publicación

Paso 54 a 66

- Cómo publicar tu vivienda y dónde -

Paso 54: Como particular puedes publicar tu vivienda en venta en cualquier portal de manera totalmente gratis (por lo menos en los paquetes básicos).

Paso 55: En España, existen decenas de portales en los que se pueden publicar: Idealista, Fotocasa, Milanuncios, Pisos.com... Te aconsejo quedarte con dos de los más eficientes y que generan el mayor tráfico del mercado: Idealista y Fotocasa. Con esos dos tienes bastante. En otros países debes buscarlo en Internet.

Paso 56: Antes de empezar te aconsejo crearte una cuenta de correo electrónico específica para el alquiler de tu vivienda, sino tu cuenta personal puede llenarse de publicidad indeseada en muy poco tiempo. Vete a Gmail o a Hotmail y créate una cuenta.

Paso 57: Luego con ese correo créate en Idealista y en Fotocasa una cuenta como particular para poder publicar. Sobretodo no olvides apuntar todas las contraseñas, tanto de la cuenta de correo como de las cuentas de los portales. Apúntalo en una libreta donde puedas mirarlas si te las olvidas. No hay nada más fastidioso que olvidar las contraseñas y no poder acceder a tus publicaciones. No querrás tener que empezar desde cero otra vez.

Paso 58: Aunque publicar es gratis, te aconsejo tener un pequeño presupuesto de publicidad para destacar tu publicación en los portales. Eso hará que salga durante un tiempo entre las primeras viviendas, cuando se hace una búsqueda. Las agencias pagan a los portales por publicar y eso hace que las suyas estén siempre entre las primeras páginas. Si no apareces en las tres primeras páginas de una búsqueda, tardarás mucho más en alquilar.

- *La publicación* -

Paso 59: Esto es lo más importante de todo, si tu publicación es atractiva y completa eso hará que más gente se interese por tu vivienda.

Paso 60: Aquí debes subir todas las fotos, plano, Certificado de Eficiencia Energética (CEE) y vídeo. Primero las fotos, tienes que ordenarlas y juntar las que sean de la misma estancia. Las cinco primeras deben de ser las más llamativas de la vivienda ya que un 80% de la gente sólo mira las 5 primeras (Salón, Cocina, Baño y un par de dormitorios). La primera tiene que ser la mejor ya que es la que aparece en el panel del buscador como foto de encabezado, es la firma de tu vivienda. Termina poniendo, plano, CEE y vídeo.

Paso 61: A continuación debes insertar todos los elementos técnicos de tu vivienda: precio de venta, metros cuadrados, dormitorios, ascensor, CEE... Ya lo irás viendo, ya que la página de los portales te indica todos los diferentes elementos.

Paso 62: Terminamos con el texto. Aquí tomate tu tiempo, haz un descriptivo de la vivienda, de ser posible escríbelo en una hoja de papel y léelo varias veces. Pregúntate si tú, buscando alquilar una vivienda, tendrías ganas de hacer una visita. Hazlo leer a tus familiares, amigos y que te digan lo que les parece.

Paso 63: Yo te aconsejo que el descriptivo sea lo menos técnico posible (ya que lo has puesto todo anteriormente), sólo pon un par de lineas tipo "alquilo piso de x metros cuadrados, de x dormitorios, x baños en tal zona...". Luego habla de las ventajas del piso: amplio, bien distribuido, soleado, tranquilo, buen vecindario... Y termina con lo que hay en el entorno, colegios, paradas de autobús, comercios, centro médico, farmacia... Los servicios que no tengas cerca, puedes indicar a cuánto estás, "a x minutos o kilómetros de la playa", de la autopista, del centro, todo lo que tú veas que sea de interés para un potencial inquilino. Tienes que dar ganas, hacer que la gente se vea viviendo dentro.

Paso 64: Una vez hecho esto, la vivienda está lista para ser publicada. Pincha en publicar y ya está, tu casa está en el mercado. Ahora bien, las publicaciones hay que hacerlas vivir para que permanezcan lo más arriba posible en las búsquedas.

Paso 65: Como ya te dije antes, una publicación tiende a ir bajando en el listado de búsqueda a medida que van entrando propiedades similares. Pues bien, para impedir que eso suceda te doy un pequeño truco, que es cada 7 días reactivar tu propiedad. ¿Cómo? Pues de una manera muy sencilla: modificando la publicación, sea moviendo una foto, por ejemplo cambiando la foto principal (la de la portada) o bien añadiendo una foto más (de ahí que te dijera que hicieras muchas fotos en el **Paso 45**), o también introduciendo texto nuevo.

Paso 66: También puedes destacar tu publicación pagando al portal inmobiliario- eso quiere decir que durante un tiempo tu vivienda aparecerá en primera o segunda posición en el buscador. Para que no te gastes dinero a lo tonto, déjame que te dé un segundo truco. Una vez que hayas publicado tu propiedad por primera vez, métete en el buscador y haz una búsqueda con los parámetros de tu vivienda (mismos dormitorios, rango de precio y zona) y mira en qué posición aparece. Si estás en las 3 primeras páginas, muy bien, si es en la primera aún mejor. Si estás en esta configuración no te recomiendo invertir en publicidad por ahora. Si no estás en esas 3 páginas, destaca tu vivienda, porque eso quiere decir que estás en una zona donde hay muchos productos en el mercado y vas a tardar en alquilar.

Si quieres poner un cartel en la ventana eso ya es cosa tuya. Pero desde mi punto de vista eso solo te puede traer problemas. La gente que busca alquilar usa los portales inmobiliarios (el 99% de ellos), así que si lo haces como te dije ya tendrás contactos suficientes. El cartel te puede traer gente que no sabe nada de tu vivienda (metros cuadrados, dormitorios, precio...) lo que significa una perdida de tiempo para ti. También según donde tengas ubicada la vivienda un cartel puede informar que está vacía y facilitar el acceso a ocupas. Tu decides.

9. Evaluar a los inquilinos

Paso 67 a 76

Paso 67: Ahora que tu casa está publicada empezarás a recibir llamadas o correos electrónicos de gente interesada. Tengo que decirte que también recibirás llamadas de agentes inmobiliarios proponiéndose para ayudarte a alquilar. Si tomaste la decisión de alquilar por cuenta propia seguramente te sentirás molesto que te llamen continuamente. Por favor, te pido que nos trates con respeto (si puede que incluso caigas conmigo) ya que estamos haciendo nuestro trabajo. Si ves que te llaman muchos agentes y realmente no quieres trabajar con nadie, modifica el texto de tus anuncios e inserta al final del descriptivo "Por favor abstenerse agencias" Así comprenderemos que no quieres trabajar con una agencia y la mayoría te dejaran en paz (yo no, porque llamo a todos lo pongan o no. Si tengo un inquilino y me cuadra la vivienda llamo sí o sí, al final lo que uno quiere es alquilar. ¿No?).

Paso 68: Ya que lo vas a hacer tú todo te recomiendo que hagas como hago yo cuando tengo una vivienda para alquilar y recibo una llamada. Ten a mano un recapitulativo de las condiciones, precio del alquiler, meses de fianza, garantías que pides para hacer las preguntas pertinentes al teléfono antes de organizar una visita. Haz todas las preguntas que tengas que hacer para asegurarte que el inquilino cumple con tus expectativas.

Paso 69: Yo suelo tener una carpeta con los detalles de la vivienda, pero tu al ser la tuya los conoces perfectamente así que dale al inquilino todos los detalles sobre ella, tanto lo bueno como lo malo. Es mejor que te digan al teléfono que no les interesa que no una vez en la visita, así evitas perder tu tiempo y pasar un mal trago.

Paso 70: Ya sé que si hiciste bien todo esto ya está en la publicación de los portales inmobiliarios, pero créeme, por mucho que pongas la gente sólo lee la mitad. Si te contara la cantidad de llamadas para pisos sin ascensor que he recibido y cuando les digo que el piso NO tiene ascensor, me dicen que no les interesa, que quieren con ascensor, cuando yo lo he puesto en mayúsculas dos o tres veces en la publicación. Así es la gente, así que tómatelo con calma y tranquilidad.

Paso 71: Cuando tengas un inquilino que cumpla con lo que pides y que esté interesado, puedes pasar a cerrar la visita de la vivienda con él. Si es una pareja te recomiendo que vengan los dos a verla, sino te van a enredar y tendrás que hacerla dos veces.

- *Gestionar las visitas* -

Paso 72: Antes de atender la primera visita de tu casa tienes que preparar tu dossier de alquiler. La famosa carpeta con todos los documentos para enseñarlos a potencial inquilino. Es decir (para España):
   - una copia del catastro (lo tienes en Internet, puedes ver enlace en el **Anexo**) para confirmar los metros cuadrados
   - el certificado de eficiencia energética
   - la nota simple (o las escrituras) para justificar que eres tú el dueño y que puedes alquilar.
   - Tu DNI (para que puedan verificar que eres quien dices).
   - Si no eres el dueño, un escrito de los dueños en el que te otorgan mandato para gestionar el alquiler en su nombre.
   - los planos.

Paso 73: No olvides adecuar la vivienda como en las fotos. La vivienda debe estar tal y como la vas a dejar al inquilino. Si faltan cosas por poner o hacer (pintura, reparaciones, poner muebles o electrodomésticos) se lo deberás de comentar en la visita. Preséntate con tiempo suficiente para prepararla. Sube las persianas, si estuvo cerrada abre las ventanas y ventila, enciende las luces en todas las estancias, pon un poco de ambientador (siempre es más agradable).

Paso 74: Espera al potencial inquilino a la puerta de la vivienda, o en el portal, si es un piso. Estate relajado y sonriente e invítalo a entrar, tú siempre detrás. Déjalo que visite a su aire, si la vivienda está vacía puedes indicar donde tenías el salón y los dormitorios, pero cocina y baños todos sabemos identificarlos. No hables en exceso, pero enséñale lo más destacado, por donde da el sol y en qué momento del día. Enseña los elementos técnicos, cuadro de luz, caldera, llaves de paso... Te aconsejo que después de haber dado una vuelta por la vivienda con él, le dejes un tiempo para que lo vea por su cuenta, sobre todo si son una pareja, ya que si estás delante igual no se atreven a comentar lo que ven.

Paso 75: Un vez terminada la visita, pasa a la sesión de preguntas. Deja que los potenciales inquilinos te hagan todas las preguntas que tengan. Usa los documentos para despejar sus dudas. Normalmente la mayoría de la gente suele comportarse y no hacer comentarios molestos, pero te tienes que preparar a oír de todo. Tú lo que quieres es alquilar, así que desapégate de la parte sentimental que puedas tener con esa vivienda. Puede que sea el lugar donde te hayas criado, o donde hayas visto crecer a tus hijos, eso ya no tiene que importar ni interferir a la hora de alquilar. Lo que hayas comprado y te haya gustado para vivir, no significa que tenga que gustarle a todo el mundo. Si no has adecuado la vivienda de manera que parezca lo más impersonal posible, puede que tengas comentarios sobre el color de la pintura, los materiales o el estilo de los muebles. No pasa nada, diles que a ti te gustó en su momento, o que eran el tipo de muebles que se vendían cuando la compraste, no le des mas vueltas y sobre todo no entres en una discusión que al final no sirve para nada. Si no les gusta ya vendrán otros a quienes les encantará.

Paso 76: Si ves que están interesados, no les presiones. Pregúntales si lo quieren volver a visitar en otro momento del día (para ver como da el sol por ejemplo), si es una persona sola puede querer que su pareja lo vea, un familiar, un amigo. Siempre tienes que estar a disposición del potencial inquilino. No cierres puertas. Si después de la visita te dicen que se lo van a pensar, no pierdas tiempo en llamarles después. Muchas veces la gente no da más señales de vida, suelen ver varios inmuebles y si uno les gusta y lo reservan son pocos los que se toman la molestia de llamar a todos los dueños o agencias de las viviendas que visitaron previamente. El potencial inquilino que realmente está interesado te volverá a llamar con lo que sea. El mercado del alquiler es tan volátil que los inquilinos se deciden muy rápido cuando les gusta (a veces reservan al finalizar la visita) ya que saben que se les puede escapar en cuestión de horas.

10. ¿Qué les tengo que pedir a los inquilinos?

Paso 77 a 78

Paso 77: Si has hecho bien los deberes y has encontrado unos inquilinos a quienes les guste tu vivienda y te han transmitido buenas sensaciones toca pedirles que justifiquen sus ingresos. Lo primero y más importante es que seguro que no habrán venido con la documentación necesaria el día de la visita. Si ese es el caso, te recomiendo que antes de congelar las visitas y verifiques los documentos que te traerán mas tarde, les pidas un dinero para reservar la vivienda. No es nada descortés, nosotros en las agencias les pedimos que paguen los honorarios de la agencia para que no enseñemos más el piso mientras recopilamos la información necesaria y verificamos sus datos. Si por cualquier razón el dueño no aceptara alquilarles el piso ese dinero se les devuelve, de lo contrario ese dinero es parte de lo que tienen que pagar para alquilar la vivienda. Hacemos eso porque mucha gente se dedica a ver unas cuantas viviendas reserva dos o tres y luego eligen la que mas les gusta y echan las otras para atrás. De ese modo, si el inquilino se retracta, te quedarás con ese dinero, en caso contrario si al final le alquilas la vivienda será parte del dinero que te tienen que pagar.

Paso 78: Estos son los documentos que se les pide a los inquilinos.

Si trabajan por cuenta ajena (empleados o funcionarios):

- Contrato laboral (para verificar si están fijos o son temporales y qué antigüedad tienen en la empresa o administración)

- Tres últimas nóminas (para conocer sus ingresos netos anuales multiplica una nómina -si son todas iguales, sino haz una media de las tres- por 14 meses así tendrás una idea más o menos de sus ingresos netos anuales.

Si trabajan por cuenta propia (autónomos) o si son pensionistas:

- Ultima declaración de IRPF.

Si tienen un avalista, pides lo mismo para el avalista. También puedes pedir referencias del anterior alquiler si lo tienen. Si optaste por hacerte el seguro de protección de alquileres, vas a necesitar decirle a la aseguradora cuántos ingresos netos anuales tienen, así que tienen que facilitarte estos documentos sí o sí. Si te dan escusas para no proporcionártelos, olvídate de ellos y pasa a otros. Por experiencia sé que cuando la gente pone pegas la cosa suele salir mal.

11. El inventario

Paso 79 a 81

Paso 79: Aquí te va a tocar trabajar un poco. Los vas a tener que hacer sí o sí y te va a servir siempre, así que empieza a hacerlo cuando publiques tu vivienda, así ya lo tendrás hecho. El inventario sirve también como estado de la vivienda al entrar en alquiler y lo vas a tener que adjuntar en el anexo del contrato de alquiler, también te lo va a pedir la aseguradora si contratas la opción "Daños en la vivienda". Es un documento MUY importante ya que refleja TODO lo que dejas en alquiler y te servirá para reclamarle al inquilino y a la aseguradora cualquier daño (que no sea por uso) en el momento de recuperarla al finalizar el alquiler.

Paso 80: Lo mejor es redactarla en un ordenador en formato Word o bien en una hoja de calculo tipo Excel (lo que mejor se te dé), pero si no lo puedes hacer así (o no tienes a nadie que te lo haga) hazlo con folios de papel.

Paso 81: Vete a la vivienda, hazte con unos folios y empieza a apuntar habitación por habitación todo lo que hay en cada estancia. Apuntalo TODO (pinturas, muebles, elementos eléctricos, electrodomésticos...), junto con su estado (Nuevo, Buen estado, Usado). Luego saca fotos de todo para que puedas justificar cómo lo entregas y en caso de daños sacar otras fotos el día en que recuperas la vivienda al finalizar el alquiler. Tiene que ser un documento claro y bien estructurado para que sea fácil de leerlo y que no deje lugar a dudas.

En la parte donde pones el estado de cada elemento pon dos lineas:
- Estado a la entrada
- Estado a la salida

Al final del documento pon las siguientes frases:
- El arrendador (tú) y el arrendatario (el inquilino) acuerdan que la vivienda se ha entregado con todos los elementos, previamente descritos, y su estado ha sido verificado por ambas partes. El arrendatario tiene 7 (siete) días para indicar al arrendador cualquier elemento que no funcionara correctamente.

Deja un espacio para que ambos podáis firmar poniendo para los dos "Firma de entrada" y "Firma de salida".

12. Responsabilidades

Paso 82 a 83

- La responsabilidad del dueño -

Paso 82: Como dueño tienes las siguientes responsabilidades:
- Entregar una vivienda en perfectas condiciones de uso. Es decir que todo lo que tienes dentro de la vivienda debe funcionar, sea la electricidad, el gas y todos los electrodomésticos que pongas a disposición del inquilino.
- Hacerte cargo del pago de las cuotas de comunidad.
- Hacerte cargo del pago del IBI. Aunque hayas pactado con el inquilino que lo pague él, hacienda te mandará el recibo a tu cuenta, debes pagarlo tu primero y luego pasarle el cargo al inquilino de la cantidad que hayáis pactado en el contrato de alquiler.
- Proporcionarle al inquilino un justificante de pago del alquiler si él te lo pide. Si te paga por transferencia, el justificante de transferencia del banco del inquilino le sirve de justificante. Dile que ponga la dirección de la vivienda y el mes correspondiente del pago en comentario de la transferencia. Si el inquilino prefiere pagarte en efectivo, tendrás que darle un justificante. En las papelerías se venden libretas ya impresas que sólo tienes que rellenar.
- Declarar tu ingresos de alquileres a hacienda (que te paguen por transferencia o en efectivo). Ten en cuenta que hacienda tiene un registro de todas las viviendas y puede saber si tienes una vivienda vacía. El inquilino declara a hacienda donde vive y si está de alquiler (poniendo tu DNI y la referencia catastral) así que tarde o temprano se te echarán encima y tendrás que pagar una multa. Créeme, no te com-

pensa, es mejor hacer las cosas bien.

- *La responsabilidad del inquilino* -

Paso 83: El inquilino tiene las siguientes responsabilidades.

- Pagar el alquiler todos los meses a principio de cada mes, según los plazos que has especificado en el contrato de alquiler (lo más común es entre el 1 y el 5 de cada mes).
- Cuidar de la vivienda y devolvértela en las mismas condiciones.
- Reparar por su cuenta todo desperfecto fruto de un mal uso de los elementos de la vivienda (la mayoría de las veces lo cubre su seguro).
- Poner los contratos de suministros a su nombre y pagar su consumo.
- Respetar las normas impuestas por el dueño en el contrato de alquiler (como por ejemplo no tener mascotas, si se da el caso).
- Pedirle, por escrito, al dueño autorización para cualquier obra o modificación que quiera hacer en la vivienda.
- Avisar al dueño por correo, con un mínimo de 30 días de antelación, antes de liberar la vivienda.
- Por ley, el inquilino debe permanecer un mínimo de 6 meses en la vivienda, de no ser así tendría que abobar al dueño los meses restantes desde su salida hasta los 6 meses.

13. Los seguros

Paso 84 a 86

Paso 84: El seguro del hogar para los dueños. Este seguro es el que debes tener para cubrir tu vivienda tanto el continente (la vivienda vacía) como el contenido, si la alquilas amueblada. El precio va a depender de la cantidad de contenido que quieras garantizar. Este seguro sirve para cubrir los típicos daños por agua y electricidad que se ocasionen por avería de la instalación. No van a cubrir en ningún caso los daños a las pertenencias del inquilino, ni aquellos daños ocasionados por ellos. Para eso está el seguro para inquilinos que veremos a continuación.

Paso 85: El seguro del hogar para inquilinos. Es sumamente importante que indiques en el contrato de alquiler que el inquilino tiene que contratar este seguro y vas a ver ahora porqué. Este seguro cubre los daños ocasionados a las pertenencias del inquilino, pero también cubre la responsabilidad civil de este mismo. Si el inquilino tuviera una inundación en la vivienda por un mal uso, por ejemplo de la lavadora, tu seguro cubriría la reparación de tu contenido (muebles) y continente (suelos de parqué) pero el perito, al ver que es por un mal uso y la vivienda estando arrendada, te pedirá los datos del inquilino para contactar con su seguro. Si lo tiene, bien, las dos aseguradoras se comunican y la responsabilidad civil del inquilino se hace cargo del coste de las reparaciones. Si el inquilino no tiene seguro, tendría que hacer frente a esos gastos a título personal. Pues bien, puedes decir que es problema de él, pero si tuviera que pagar

3000 euros de reparaciones puede dar el caso que no los tenga y se encuentre en una situación de no poder hacer frente al pago del alquiler, y quien tendría un problema en ese caso eres tú. Así que lo mejor es pedirle que se cubra con un seguro y los dos estaréis tranquilos. Sobre todo que esos seguros del hogar vienen con toda una serie de coberturas que le serán de gran ayuda (robo, asistencia en el hogar, asistencia jurídica...).

Paso 86: **El seguro de protección de alquileres**. Ya hemos hablado de este seguro anteriormente y es a mi parecer la mejor solución en cuanto a pedir garantías al inquilino. Te cubre los impagos (de 6 a 18 meses), te cubre los daños a la vivienda y te ofrece asistencia jurídica para que puedas informarte de todo lo referente al alquiler. No voy a entrar en los procedimientos ya que cada compañía de seguros tiene los suyos. Lo mejor es que te informes y compares tanto a nivel de las garantías como de los precios.

Estos tres seguros son para mí imprescindibles y siempre se deberían hacer cuando hacemos un alquiler. Yo los recomiendo a todos mis clientes. Creo que la tranquilidad no tiene precio y que cuando intentamos ahorrarnos un dinero siempre lo terminamos pagando. Hasta la fecha nadie me ha dicho que le haya aconsejado mal, sino todo lo contrario.

14. El contrato de alquiler

Paso 87 a 91

Paso 87: Bueno, si has llegado hasta aquí es que has hecho las cosas bien, ya tienes a un inquilino que te gusta, estáis de acuerdo sobre el precio y las condiciones. Ahora, toca hacer el contrato de alquiler.

Paso 88: El contrato de alquiler lo podrás descargar en Internet (ver enlace en el Anexo). Te he proporcionado el de la OCU, la organización de consumidores, porque con este estoy seguro de que lo van a tener al día con cada nueva normativa legal. Descárgatelo y vete mirando todo lo que tienes que rellenar.

Paso 89: Documentación que te tiene que traer el inquilino si aún no la tienes.
- Fotocopia de los DNIs de cada inquilino firmante.
- Fotocopia de los contratos laborales o las tres últimas nóminas de cada uno.
- Fotocopia de la última declaración de IRPF, si son autónomos o pensionistas.
- Todo lo mismo para el avalista solidario, si lo hay.

Paso 90: Documentación que tienes que proporcionar tú.
- Copia del Certificado de Eficiencia Energética.
- Copia de una factura de cada suministro para hacer el cambio de titularidad.
- Inventario.

Paso 91: Una vez hayas cumplimentado el contrato de alquiler haz dos copias, una para ti y otra para el inquilino, incluyendo el inventario.

15. El día de la firma

Paso 92 a 98

Paso 92: Ya ha llegado el día de la firma y, si has seguido todos mis pasos, lo tienes todo listo para entregar tu vivienda al nuevo inquilino.

Paso 93: Lo mejor es que quedes con él o ellos en la vivienda para así poder repasar juntos el inventario. Miradlo todo, que los dos estéis de acuerdo en que todo está tal y como lo pusiste en el inventario y sobre todo que hay acuerdo en el estado indicado. Muy importante que el inquilino firme donde pone "Firma Inquilino Entrada". Eso te permitirá reclamar cualquier daño y el inquilino no podrá alegar que no lo recibió así.

Paso 94: Repasa con ellos el contrato de alquiler, leedlo juntos y verifica que los datos de ellos son correctos.

Paso 95: Insiste sobre las condiciones, mascotas, duración del contrato...

Paso 96: Tienen que darte un mes de alquiler y los meses de fianza que hayas pedido. No hace falta darles ningún certificado de pago, ya que esas cantidades vienen reflejadas en el contrato de alquiler y este sirve como carta de pago.

Paso 97: No te olvides de darles las copias de las facturas de los suministros para que cambien la titularidad del contrato a su nombre. Normalmente viene en el contrato que los costes de consumo corren por cuenta de ellos, pero yo te recomiendo poner expresamente que se les entrega una copia de las facturas y que tienen 7 días para hacer el cambio de titularidad (yo lo pongo en todos los contratos que hago, así si no cumplen se puede romper el contrato).

Paso 98: Dato importante: no te olvides de darles las llaves. Todos los juegos de llaves que tengas. No puedes guardar ningún juego de llaves, es ilegal. Si guardaras un juego de llaves y lo utilizaras para entrar en SU casa te podrían demandar por allanamiento de morada. No te la juegues.

16. Cuando el inquilino se va

Paso 99 a 100

Paso 99: Cuando llegue el día en que el inquilino se va y que te haya avisado con 30 días de antelación, toma el inventario que hicisteis el primer día y repasad toda la vivienda apuntando en qué estado te la deja. Si todo está bien, le podrás devolver la fianza íntegramente.

Paso 100: Si hay desperfectos por uso, te toca a ti cargar con ellos (pintura sobada, parqué usado...), de lo contrario si hay desperfectos por mal uso (elementos rotos, elementos que faltan...) puedes proponerle al inquilino que lo repare o bien que lo remplace, o sino lo harás por tu cuenta y lo cobrarás de la fianza (si sobrepasara la fianza te tendría que abonar el complemento). Te recomiendo que saques fotos y que contactes con el seguro de protección de alquileres, el perito te dirá si está cubierto. Si te lo cubre todo el seguro, tienes que devolverle la fianza íntegra, ya que la aseguradora se pondrá en contacto con el inquilino para cobrarse y él sabrá entonces que le tendrías que haber devuelto la totalidad de la fianza y te meterías en un buen lío. Por experiencia yo nunca recomiendo devolver la fianza el mismo día de la salida del piso, ya que tienes 30 días para devolverla. Tómate tu tiempo para revisar el piso. También es importante que el inquilino te pase las facturas de suministros para que vuelvas a poner los contratos a tu nombre y que no te deje deudas. La normativa vigente dice que el deudor de los suministros es el que los tiene contratados, pero te recomiendo que lo cambies cuanto antes, no vaya a ser que te enfades con el inquilino y este te dé de baja los suministros, siendo el el titular lo puede hacer.

17. Conclusiones

Espero que hayas disfrutado tanto leyendo este libro como yo disfruté escribiéndolo.

A lo largo de todo este tiempo trabajando en el sector inmobiliario, me había dado cuenta de que la gran mayoría de la gente que alquila una vivienda desconoce todo lo que conlleva este procedimiento. Me sentí obligado a compartir contigo este conocimiento, de manera sencilla y fácil de comprender.

Transmitir lo que uno sabe es a veces una tarea difícil, porque uno tiende a eludir cosas que para él son obvias, pero que no lo son para quien no es del sector. Por eso he decidido, sin que ésto se transforme en una consulta médica, darte un acceso para aclarar dudas que tengas.

Al final del Anexo encontrarás un correo electrónico de contacto, específico para este libro, donde podrás hacerme todas las preguntas que tengas. En la medida de lo posible intentaré contestar a todos y todas con la mayor brevedad que me permita mi carga de trabajo del momento.

Si has comprado este libro a través de Amazon y te ha gustado, no dudes en dejar un comentario positivo, te lo agradezco con antelación.

Espero que este libro te haya ayudado a alquilar tu vivienda. De ser así también lo puedes comentar. No te puedo garantizar que alquiles tu vivienda a alguien que nos te cree problemas, pero lo que sí te puedo decir es que quien no sigue estos *100 Pasos* corre el riesgo de alquilar sin tener las garantías necesarias. Por lo menos tú lo harás con serenidad.

Lo dicho, este libro trata del alquiler inmobiliario en España, pero si tu vivienda esta en otro país, entérate de todos los aspectos legales correspondientes a ese país.

18. Anexo

@@@@@@@@@@@@@@@@@@@@@@@@@@@@@@@@@@@

Enlaces de Internet:

Válido para España:

- Catastro:
www1.sedecatastro.gob.es/CYCBienInmueble/OVC-Busqueda.asp

- Idealista:
www.idealista.com

- Fotocasa:
www.fotocasa.es

- Descargar Contrato de Arrendamiento:

https://www.ocu.org/vivienda-y-energia/comprar-vender-alquilar/modelos/contrato-de-arrendamiento-de-vivienda458474#

Este documento esta en formato Microsoft Word, así que lo puedes modificar fácilmente.

Correo electrónico de contacto:

coleccion100pasos@gmail.com

www.ingramcontent.com/pod-product-compliance
Lightning Source LLC
Chambersburg PA
CBHW030522220526
45463CB00007B/2684